Martina
A BAILARINA

Camilla Volpato Broering
Myllena Bihren

CONVERSANDO SOBRE
TRANSTORNOS ALIMENTARES

Artesã editora

Martina, a Bailarina: conversando sobre transtornos alimentares

1ª edição 1ª reimpressão - dezembro 2022

DIRETOR
Alcebino Santana

CAPA
André Santos

COORDENAÇÃO EDITORIAL
Michelle Guimaraes El Aouar

ILUSTRAÇÕES E DIAGRAMAÇÃO
André Santos

REVISÃO
Débora Zacharias

B865 Broering, Camilla Volpato.
Martina : a bailarina : conversando sobre transtornos alimentares / Camilla Volpato Broering , Myllena Bihren ; [ilustração : André Santos]. – Belo Horizonte : Artesã, 2022.
44 p. : il. ; 23 cm.
ISBN: 978-85-7074-055-7

1. Psicologia. 2. Distúrbios do ato de comer. 3. Relações pais-criança. 4. Educação. I. Bihren, Myllena. II. Santos, André. III. Título.

CDU 159.97

Catalogação: Aline M. Sima CRB-6/2645

IMPRESSO NO BRASIL
Printed in Brazil

(31) 2511-2040 (31) 99403-2227
www.artesaeditora.com.br
Av. Rio Pomba 455, Carlos Prates- Cep: 30720-290 | Belo Horizonte - MG
/ artesaeditora

Sobre o livro

O livro intitulado "Martina, a Bailarina: conversando sobre transtornos alimentares", é uma ferramenta lúdica que se propõe a psicoeducar adolescentes, crianças, pais, educadores e psicólogos sobre transtornos alimentares, numa tentativa de permitir a compreensão de um padrão familiar que normalmente existe, bem como conhecer características e pensamentos relacionados, assim como facilitar a identificação desses pensamentos e expectativas associados.

Os Transtornos Alimentares caracterizam-se por uma grave perturbação do comportamento alimentar, representado por uma relação desadaptada com a comida, bem como por uma autoimagem corporal distorcida. Para um tratamento eficaz, além do envolvimento familiar, com o objetivo de criar uma estrutura de colaboração em que os pais tornem o meio facilitador de mudanças, há que se procurar uma equipe interdisciplinar, com enfoque multidimensional.

A cada ano, mais e mais adolescentes e jovens do sexo feminino (90% dos casos) são vitimadas de graves transtornos do comportamento alimentar, anorexia e bulimia, que muitas vezes colocam sua vida em risco. O mito e a procura do corpo ideal levam essas pessoas a fazerem regimes drásticos, que acabam desempenhando um papel fundamental no desencadeamento desses transtornos.

O livro apresenta algumas características de uma adolescente com transtorno alimentar, além de algumas atividades com evidências científicas que auxiliam no processo de o terapeuta identificar as crenças e pensamentos disfuncionais das crianças e também ensina a relação entre pensamentos e sentimentos a elas, o que possibilita intervenções de psicoeducação e reestruturação cognitiva.

Através da leitura, o adolescente poderá interagir com o livro através de desenhos e atividades escritas, o que permite a expressão de sentimentos, ideias e percepções e favorece o surgimento de alternativas para lidar com pensamentos disfuncionais.

O livro se baseia na Terapia Cognitivo-Comportamental, permite flexibilidade diante das necessidades de cada profissional e de cada caso atendido, permitindo uma utilização livre diante da demanda levantada pela criança.

Agradecimentos

Agradeço às crianças que me tornaram psicoterapeuta infantil e que contribuíram dia a dia para que eu pudesse tecer alguns dos eventos que as trazem ao consultório diariamente. O meu agradecimento muito especial, à Myllena, que topou esse desafio comigo, e, especialmente, a todas as crianças e adolescentes que, mesmo acometidas por transtornos alimentares, me ensinaram tanto durante essa fase de tratamento de suas vidas.

CAMILLA VOLPATO BROERING

Meus agradecimentos à minha família pelo suporte e apoio de sempre. Às crianças e adolescentes que despertaram meu interesse em estudar para aprender estratégias para ajudá-los a lidar melhor com cada situação vivenciada. Um agradecimento muito especial, e com muito carinho, a Camilla por essa parceria. Agradeço, ainda, a todos os meus pacientes, que estimulam e despertam em mim a motivação e o constante aperfeiçoamento teórico e técnico e que são a fonte de energia e inspiração para meu trabalho.

MYLLENA BIHREN

Martina era uma garotinha meiga, doce, alegre e muito esperta.

Tinha muitos amigos, fazia várias atividades além da escola, como ballet, pintura e canto.

Todos gostavam muito de Martina, ela era encantadora.
Sua família a tratava bem, com exceção do fato de que sua mãe sempre cobrava que ela emagrecesse.

"Martina se você continuar comendo assim, daqui a pouco não passa nas portas".

"Se ficar comendo essas bolachas todo dia, ninguém vai namorar você".

Martina não estava acima do peso, mas sua mãe tinha um alto grau de exigência com peso e beleza.

Muito embora todos achassem Martina linda, para a mãe nunca estava bom.

Na tentativa de agradar a mãe, Martina começou a restringir sua alimentação com o intuito de emagrecer.

Aos poucos Martina cortou doces e frituras.

Também parou de ingerir pão.

Martina emagreceu um pouco e as pessoas passaram a elogiá-la. Os ensaios de ballet aumentaram e, além disso, apareceram vários estilos de dança para ela praticar: *hip hop, jazz, street dance* e muitos outros. Ela dançava de seis a sete horas por dia.

O emagrecimento de Martina fez com que ela fosse convidada para participar de vários espetáculos. Ela foi destaque em várias apresentações e os elogios só aumentaram, tanto pela sua performance como pelo seu peso.

Martina estava feliz, seus pais também estavam e, com o passar do tempo, nem percebiam que Martina quase não estava comendo.

Sua mãe sempre foi super protetora, controlava seus horários, revirava suas gavetas, e Martina não tinha autonomia nenhuma. Isso continuou mesmo depois de Martina ter emagrecido, como sua mãe queria.

Martina dançava cada vez mais e se alimentava cada vez menos, até que um dia ela desmaiou.

Seus pais ficaram apavorados e a levaram ao médico pensando que fosse algo do coração, ou do cérebro, mas em nenhum momento pensaram em transtorno alimentar.

Martina precisou ficar hospitalizada uns dois dias para tomar soro e realizar alguns exames.

Após alguns dias, foi orientada a procurar um psicólogo e trabalhar com ele suas questões alimentares.

- "Martina, algumas crianças precisam de um tipo de ajuda especial e é para isso que existem os psicólogos de crianças e adolescentes. Com o psicólogo você vai brincar, conversar, desenhar, coisas que possam te ajudar a conhecer as causas das preocupações e dos sentimentos que fazem com que os seus problemas apareçam. Ele vai te ajudar a entender as suas questões alimentares e, quanto mais conversarem, mais os seus problemas vão ficar pequenininhos.

Após a conversa, a mãe de Martina entrou em contato com a psicóloga e marcou o atendimento.

Martina se arrumou bem bonita e foi à consulta.

Ao chegar ao consultório, a psicóloga se apresentou e convidou Martina para entrar em uma outra sala.

No primeiro encontro Martina contou sua história de vida, a psicóloga logo percebeu que se tratava de um transtorno alimentar e explicou sobre os transtornos alimentares.

"Vou engordar";

"Se comer vou ficar muito gorda";

"Ninguém vai gostar de mim gorda";

"É horrível ser gorda";

"Se eu comer vou acabar com a dieta";

"Minha mãe vai me matar";

"As pessoas preferem gente magra";

"Só é aceito quem é magro";

"Nunca vou conseguir um emprego se eu estiver gorda";

"É impossível ser feliz comendo coisas gostosas".

A psicóloga explicou que alimentos trazem pensamentos e formas diferentes de sentir.

Martina, que tal você fazer uma linha do tempo desde quando começaram suas preocupações e seus sentimentos desagradáveis a respeito do peso/forma corporal.

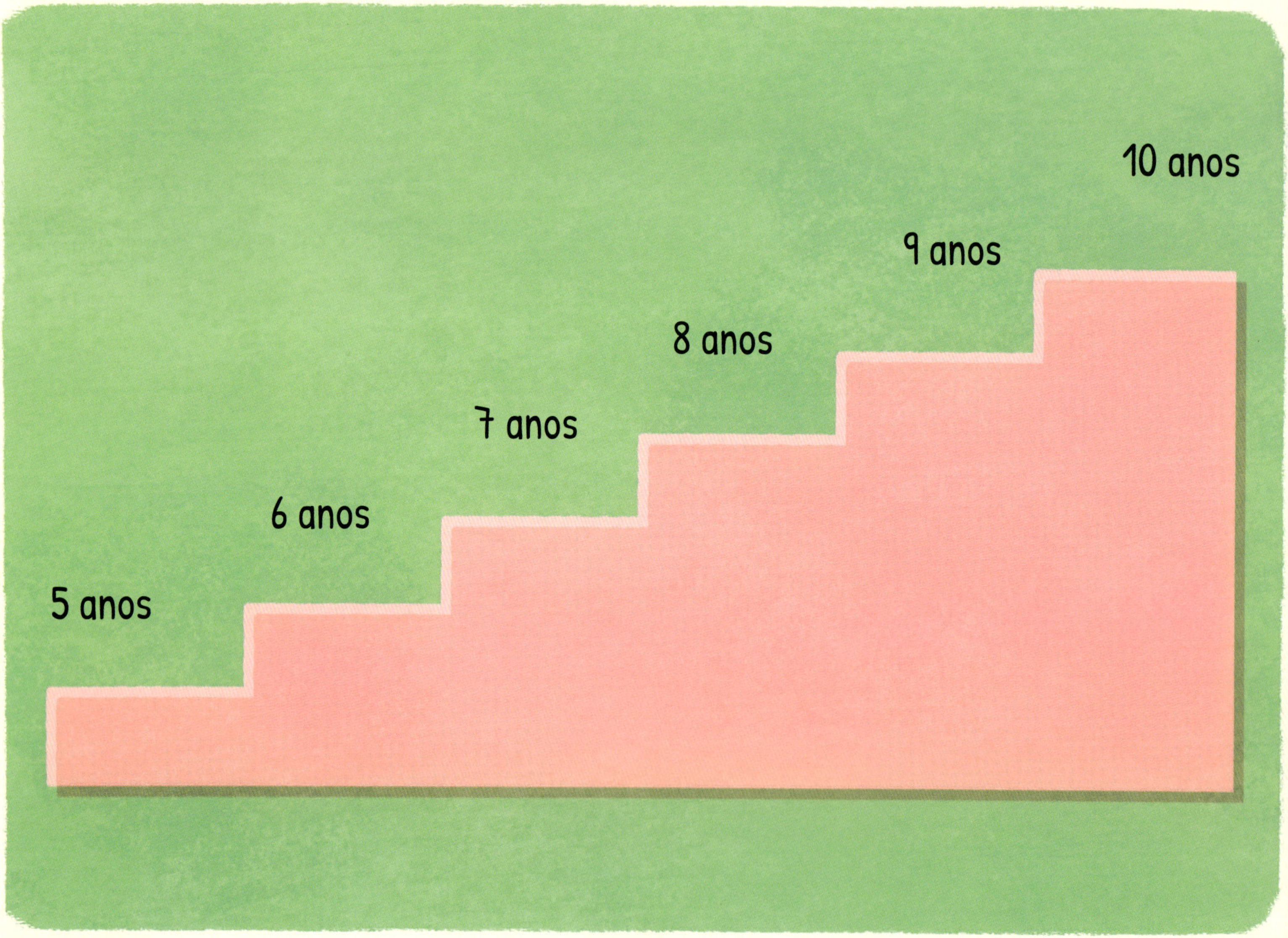

Pelo que eu vejo na sua linha do tempo, você está se percebendo maior e comendo cada vez menos.

Que tal fazermos outra atividade?

Vou pedir para você fazer um desenho de como você vê seu próprio corpo.

Martina, eu vou te mostrar algumas figuras, tenho essa menina aqui, o que você acha do corpo dela?

Eu vou te mostrar uma outra figura, se eu te dissesse que ela se vê de outra forma?

Desta forma aqui!

Nossa, como ela pensa desse jeito!
Eu diria que ela está errada.

Então, Martina, o que te leva pensar que você também não está se vendo de uma forma distorcida? Nem sempre a forma como a gente pensa é a forma correta, muitas vezes enxergamos através de uma lente que nos impede de ver as coisas como realmente são.

Eu vou propor algumas atividades para ver se você concorda ou não, você topa?

Esse aqui é o diário alimentar, que tal você trazê-lo preenchido para mim na semana que vem?

DIÁRIO DA IMAGEM CORPORAL

Nome: ____

Dia: ____/____

Horário: ________

Local: ____

____

Evento desencadeante: _____________________________________

____

Pensamentos e interpretações da situação: ____________________________

____

____

Tipo de emoções: ____

Intensidade das emoções (0 a 10): ______

Duração do episódio: ______________________________________

Comportamentos decorrentes: ________________________________

Castilho, S. M. A. (2001). Imagem Corporal. Santo André, SP, ESETec.

Durante a semana seguinte, Martina levou muito a sério a ideia do diário e caprichou para preenchê-lo.

Martina, você trouxe o diário preenchido e eu fico feliz. Percebo que você se deu conta de que alguns alimentos te deixam mais aflita em relação ao seu peso. Isso é compreensível, mas da mesma forma que você entendeu que a menina do desenho se viu da maneira distorcida, isso pode acontecer sobre o que você pensa sobre os alimentos e sobre você.

Você concorda?

As sessões com a psicóloga ocorreram durante as semanas e Martina cada vez mais passou a entender sobre o que estava acontecendo com ela.

Ela entendeu que nem tudo que pensa é realmente verdade, entendeu que felicidade vai muito além do peso e que ter equilíbrio com sua forma alimentar é a melhor maneira de viver uma vida saudável. Além disso, entendeu que sua forma de pensar altera seus sentimentos e flexibilizar seus pensamentos a tornaria mais feliz.

Seus pais também foram orientados a agir dessa forma, o que tornou a vida de Martina mais tranquila, fazendo com que ela pudesse voltar a fazer ballet sem maiores preocupações.

FIM

Nas redes sociais:

Camilla
@camillavolbro
millavolbro@hotmail.com

Myllena
@psicologamyllenabihren
myllenabihren.psi@gmail.com

Sobre as autoras

CAMILLA VOLPATO BROERING

Psicóloga. Mestre e Doutora em Psicologia da Saúde, Processos Psicossociais e Desenvolvimento Psicológico, com ênfase em preparação psicológica pré-cirúrgica infantil, pela Universidade Federal de Santa Catarina (UFSC). Professora do curso de graduação em Psicologia da Universidade do Vale do Itajaí, bem como de cursos de especialização e pós-graduação na região do Vale do Itajaí. Atua como psicóloga clínica. Tem experiência na área de intervenções cognitivo-comportamentais com crianças, adolescentes e adultos. Supervisora da prática clínica em Terapia Cognitivo-Comportamental. Atua em cursos de pós-graduação em Terapia Cognitivo-Comportamental em diversas instituições em todo o território brasileiro. Experiência na área de intervenções cognitivo-comportamentais com crianças, adolescentes e adultos. É autora do Baralho Infantil da Hospitalização (Sinopsys Editora), entre outros livros infantis, técnicos e jogos terapêuticos".

MYLLENA BIHREN

Psicóloga clínica. Especialista em Terapia Cognitivo-Comportamental. Especialista em Terapia Cognitivo-Comportamental na Infância e na Adolescência pelo INTCC-RJ. Especialista em Psicologia Positiva Aplicada a Saúde, Educação e Negócios pelo IIPSI+. Formação em Terapia Comportamental Dialética pelo INTCC-RJ. Facilitadora do Programa Educação Emocional Positiva. Supervisora da prática clínica em Terapia Cognitivo-Comportamental e Psicologia Positiva. Professora dos cursos de formação e pós-graduação do CPAF-RJ e no IIPSI+ na área de Terapia Cognitivo-Comportamental e Psicologia Positiva. Coautora do livro - Atividades Diversas.

Construindo ideias
e conectando mentes